두부영어와 함께 하는

초등
영문법 ②
형식

뿌수기 100

저 자 이덕희, 이선미, 정아현, 황대욱, 김남의
발행인 고본화
발 행 반석출판사
2025년 1월 10일 초판 1쇄 인쇄
2025년 1월 15일 초판 1쇄 발행
홈페이지 www.bansok.co.kr
이메일 bansok@bansok.co.kr
블로그 blog.naver.com/bansokbooks

07547 서울시 강서구 양천로 583. B동 1007호
　　　　 (서울시 강서구 염창동 240-21번지 우림블루나인 비즈니스센터 B동 1007호)
대표전화 02) 2093-3399 **팩 스** 02) 2093-3393
출 판 부 02) 2093-3395 **영업부** 02) 2093-3396
등록번호 제315-2008-000033호

ISBN 978-89-7172-101-8 (63740)

두부영어와 함께 하는

초등 영문법 ②

형식

뿌수기 100

반석출판사

한번 생각해 보세요.

> 민서는 본다 고양이들을.
>
> 민서는 고양이들을 본다.
>
> 고양이들을 민서는 본다.
>
> 고양이들을 본다 민서는.
>
> 본다 민서는 고양이들을.
>
> 본다 고양이들을 민서는.

한국어로는 위의 여섯 개의 문장이 전부 같은 의미를 가집니다.

바로, 한국어에는 ~는, ~을, ~ㄴ다 와 같은 조사[1]들이 있어서

누가 (주어를 나타내는 조사 ~은,는,이,가),

무엇을 (목적어를 나타내는 조사 ~을,를),

어떻게 하는지(동사를 나타내는 조사 ~다,하다)

단어들의 위치와 순서가 바뀌어도 뜻이, 그 의미가 달라지지 않는 것입니다.

그럼 위의 문장들을 영어로 적어보면 어떻게 될까요?

차례대로 한 번 적어볼게요. 문법적인 것은 배제하고 보시면 됩니다.

> Minseo see cats. (민서는 **본다** 고양이들을.)
>
> Minseo cats see. (민서는 **고양이들한다** 본다를.)
>
> Cats Minseo see. (고양이들은 **민서한다** 본다를.)
>
> Cats see Minseo. (고양이들은 **본다** 민서를.)
>
> See Minseo cats. (본다는 **민서한다** 고양이들을.)
>
> See cats Minseo. (본다는 **고양이들한다** 민서를.)

같은 단어들을 사용해 한국어의 순서와 동일하게 6개의 문장을 만들었는데 의미는 완전히 달라집니다.

영어는 단어의 위치가 곧 그 단어의 역할을 결정하기 때문입니다.

맨 앞자리는 주어, 그 다음은 동사, 그 다음은 보어나 목적어 등이지요.

그런 단어들의 순서를 알려주는 것이 바로 문장의 형식입니다.

영어의 모든 문장은 이 문장의 5형식 안에 전부 들어가 있지요.

아무리 짧고 아무리 긴 그 어떤 문장이라도 이 문장의 형식에 모두 들어맞는다는 것입니다.

이것이 바로 우리가 '문장의 형식'을 이해해야 하는 이유입니다.

이 책은 단순한 문법책이 아닙니다. 한국어와 영어의 근본적인 차이를 이해하고, 영어 문장의 구조를 직관적으로 파악할 수 있도록 돕는 안내서입니다. 특히 기초적인 단어들을 활용하여, 누구나 쉽게 영어 문장의 구조를 이해할 수 있도록 구성했습니다.

이제 여러분과 함께 영어 문장의 형식을 차근차근 살펴보려 합니다. 단어들의 나열이 아닌, 의미가 통하는 영어 문장을 만드는 여정을 시작해볼까요?

현직 영어학원 원장 일동 드림

---

[1] 체언이나 부사, 어미 따위에 붙어 그 말과 다른 말과의 문법적 관계를 표시하거나 그 말의 뜻을 도와주는 품사. 크게 격 조사, 접속 조사, 보조사로 나눈다. - 출처 : 표준국어대사전

이 책의 특징

현장 경험으로 완성된 실전 영어 워크북

5인의 현직 영어학원 원장이 다년간의 교육 경험을 바탕으로 제작한 교재입니다.

기존의 학습서에서 찾기 어려웠던 효과적인 학습법과 실질적인 노하우를 담아, 영어 학습의 새로운 방향을 제시합니다.

주요 대상	추가 대상
영어 학습을 시작하는 초등학교 3~4학년	영어 문법에 어려움을 느끼는 모든 초등학생 자녀의 영어 교육에 관심 있는 학부모 영어를 다시 시작하려는 성인 학습자 영어가 필요한 직장인 및 시니어

교재의 특별한 장점

1 쉽게 시작하고 자연스럽게 확장하는 단계별 학습

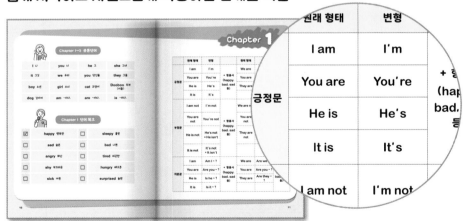

☑ 문장이 만들어지는 원리를 이해하며 기본 문장부터 차근차근 학습

☑ 배운 문장에 단어를 하나씩 추가하며 긴 문장으로 자연스럽게 확장

☑ 동사의 활용과 주어별 동사 변화 등 기초 문법을 탄탄하게 다짐

2 문장 구조를 시각적으로 이해하는 활동

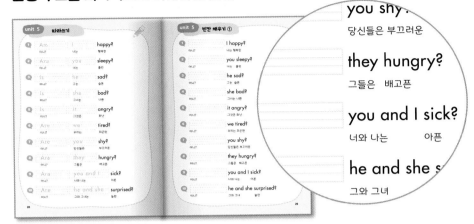

☑ 단어와 문장의 관계를 블록처럼 구성하며 직관적으로 이해

☑ 단어를 순서대로 연결하며 문법 원리를 쉽게 체득

☑ 패턴 연습을 통해 한 단계씩 실력 향상

3 반복과 누적 학습으로 영어 문장이 완성되는 설계

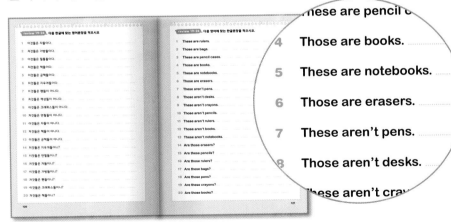

☑ 다양한 의미의 문장을 직접 써보며 문장 구조를 체득

☑ Review Test, Final Test를 통해 학습 내용을 단계별로 점검

☑ 예시문 암기를 통한 실전 영어 활용력 강화

1 기초 학습자를 위한 맞춤 설계

☑ 문법의 기초 틀을 확실히 잡아주는 체계적 구성

☑ 스스로 학습이 가능한 단계별 패턴 연습

☑ 1~5형식을 완벽하게 마스터한 후 심화 문법 학습 가능

2 효과적인 학습 방법

☑ 반복적이고 심플한 패턴 연습으로 기본기 강화

☑ 문법을 이론이 아닌 실전으로 익히는 실용적 접근

☑ 핸드라이팅을 통한 장기기억 강화

이 교재는 문법이나 문장 패턴이 약한 학생들도 스스로 학습할 수 있도록 구성되어 있으며, 기초부터 차근차근 밟아가며 문법의 완성도를 높일 수 있습니다. 특히 1~5형식을 탄탄하게 마스터하면 이후의 심화 문법 학습에도 큰 도움이 될 것입니다.

목차

Chapter 1~3 공통단어

I 나	you 너	he 그	she 그녀
it 그것	we 우리	you 당신들	they 그들
boy 소년	girl 소녀	cat 고양이	Dooboo 두부 (이름)
dog 강아지	am ~이다	are ~이다	is ~이다

Chapter 1 단어 체크

☑	happy 행복한	☐	sleepy 졸린
☐	sad 슬픈	☐	bad 나쁜
☐	angry 화난	☐	tired 피곤한
☐	shy 부끄러운	☐	hungry 배고픈
☐	sick 아픈	☐	surprised 놀란

	원래 형태	변형		원래 형태	변형	
긍정문	I am	I'm	+ 형용사 (happy, bad, sad 등)	We are	We're	+ 형용사 (happy, bad, sad 등)
	You are	You're		You are	You're	
	He is	He's		They are	They're	
	It is	It's				
부정문	I am not	I'm not	+ 형용사 (happy, bad, sad 등)	We are not	We're not = We aren't	+ 형용사 (happy, bad, sad 등)
	You are not	You're not		You are not	You're not = You aren't	
	He is not	He's not = He isn't		They are not	They're not = They aren't	
	It is not	It's not = It isn't				
의문문	I am	Am I ~ ?	+ 형용사 (happy, bad, sad 등)	We are	Are we ~ ?	+ 형용사 (happy, bad, sad 등)
	You are	Are you ~ ?		You are	Are you ~ ?	
	He is	Is he ~ ?		They are	Are they ~ ?	
	It is	Is it ~ ?				

1 I am happy.
나는 ~이다. 행복한

2 You are sleepy.
너는 ~이다. 졸린

3 He is sad.
그는 ~이다. 슬픈

4 She is bad.
그녀는 ~이다. 나쁜

5 It is angry.
그것은 ~이다. 화난

6 We are tired.
우리는 ~이다. 피곤한

7 You are shy.
당신들은 ~이다. 부끄러운

8 They are hungry.
그들은 ~이다. 배고픈

9 You and I are sick.
너와 나는 ~이다. 아픈

10 He and she are surprised.
그와 그녀는 ~이다. 놀란

빈칸 채우기 ①

1 I _____ happy.

나는 　　　　~이다. 　　　　행복한

2 You _____ sleepy.

너는 　　　　~이다. 　　　　졸린

3 He _____ sad.

그는 　　　　~이다. 　　　　슬픈

4 She _____ bad.

그녀는 　　　　~이다. 　　　　나쁜

5 It _____ angry.

그것은 　　　　~이다. 　　　　화난

6 We _____ tired.

우리는 　　　　~이다. 　　　　피곤한

7 You _____ shy.

당신들은 　　　　~이다. 　　　　부끄러운

8 They _____ hungry.

그들은 　　　　~이다. 　　　　배고픈

9 You and I _____ sick.

너와 나는 　　　　~이다. 　　　　아픈

10 He and she _____ surprised.

그와 그녀는 　　　　~이다. 　　　　놀란

빈칸 채우기 ②

1 _____ _____ happy.

나는 　　　　　　　 ~이다. 　　　 행복한

2 _____ _____ sleepy.

너는 　　　　　　　 ~이다. 　　　 졸린

3 _____ _____ sad.

그는 　　　　　　　 ~이다. 　　　 슬픈

4 _____ _____ bad.

그녀는 　　　　　　 ~이다. 　　　 나쁜

5 _____ _____ agnry.

그것은 　　　　　　 ~이다. 　　　 화난

6 _____ _____ tired.

우리는 　　　　　　 ~이다. 　　　 피곤한

7 _____ _____ shy.

당신들은 　　　　　 ~이다. 　　　 부끄러운

8 _____ _____ hungry.

그들은 　　　　　　 ~이다. 　　　 배고픈

9 _____ _____ sick.

너와 나는 　　　　　 ~이다. 　　　 아픈

10 _____ _____ surprised.

그와 그녀는 　　　　 ~이다. 　　　 놀란

빈칸 채우기 ③

1

나는 행복하다.

2

너는 졸리다.

3

그는 슬프다.

4

그녀는 나쁘다.

5

그것은 화났다.

6

우리는 피곤하다.

7

당신들은 부끄럽다.

8

그들은 배고프다.

9

너와 나는 아프다.

10

그와 그녀는 놀랐다.

1 I am happy.
나는 ~이다. 행복한

2 You are sleepy.
너는 ~이다. 졸린

3 A boy is sad.
한 소년은 ~이다. 슬픈

4 A girl is bad.
한 소녀는 ~이다. 나쁜

5 A cat is angry.
한 고양이는 ~이다. 화난

6 Dooboo and I are tired.
두부와 나는 ~이다. 피곤한

7 Dooboo and you are shy.
두부와 너는 ~이다. 부끄러운

8 A cat and a dog are hungry.
한 고양이와 한 강아지는 ~이다. 배고픈

9 You and I are sick.
너와 나는 ~이다. 아픈

10 He and she are surprised.
그와 그녀는 ~이다. 놀란

1 I _____ happy.

나는 　　　 ~이다. 　　　 행복한

2 You _____ sleepy.

너는 　　　 ~이다. 　　　 졸린

3 A boy _____ sad.

한 소년은 　　　 ~이다. 　　　 슬픈

4 A girl _____ bad.

한 소녀는 　　　 ~이다. 　　　 나쁜

5 A cat _____ agnry.

한 고양이는 　　　 ~이다. 　　　 화난

6 Dooboo and I _____ tired.

두부와 나는 　　　 ~이다. 　　　 피곤한

7 Dooboo and you _____ shy.

두부와 너는 　　　 ~이다. 　　　 부끄러운

8 A cat and a dog _____ hungry.

한 고양이와 한 강아지는 　　　 ~이다. 　　　 배고픈

9 You and I _____ sick.

너와 나는 　　　 ~이다. 　　　 아픈

10 He and she _____ surprised.

그와 그녀는 　　　 ~이다. 　　　 놀란

1

_____ _____ happy.

나는   ~이다.   행복한

2

_____ _____ sleepy.

너는   ~이다.   졸린

3

_____ _____ sad.

한 소년은   ~이다.   슬픈

4

_____ _____ bad.

한 소녀는   ~이다.   나쁜

5

_____ _____ angry.

한 고양이는   ~이다.   화난

6

_____ _____ tired.

두부와 나는   ~이다.   피곤한

7

_____ _____ shy.

두부와 너는   ~이다.   부끄러운

8

_____ _____ hungry.

한 고양이와 한 강아지는   ~이다.   배고픈

9

_____ _____ sick.

너와 나는   ~이다.   아픈

10

_____ _____ surprised.

그와 그녀는   ~이다.   놀란

빈칸 채우기 ③

1

나는 행복하다.

2

너는 졸리다.

3

한 소년은 슬프다.

4

한 소녀는 나쁘다.

5

한 고양이는 화났다.

6

두부와 나는 피곤하다.

7

두부와 너는 부끄럽다.

8

한 고양이와 한 강아지는 배고프다.

9

너와 나는 아프다.

10

그와 그녀는 놀랐다.

unit 3 따라쓰기

1 I　　　　　　　'm not　happy.
나는　　　　　　　아니다.　행복한

2 You　　　　　　aren't　sleepy.
너는　　　　　　　아니다.　졸린

3 He　　　　　　　isn't　sad.
그는　　　　　　　아니다.　슬픈

4 She　　　　　　isn't　bad.
그녀는　　　　　　아니다.　나쁜

5 It　　　　　　　isn't　angry.
그것은　　　　　　아니다.　화난

6 We　　　　　　aren't　tired.
우리는　　　　　　아니다.　피곤한

7 You　　　　　　aren't　shy.
당신들은　　　　　아니다.　부끄러운

8 They　　　　　aren't　hungry.
그들은　　　　　　아니다.　배고픈

9 You and I　　　aren't　sick.
너와 나는　　　　아니다.　아픈

10 He and she　　aren't　surprised.
그와 그녀는　　　아니다.　놀란

1 I _____ happy.
나는 　　아니다. 　　행복한

2 You _____ sleepy.
너는 　　아니다. 　　졸린

3 He _____ sad.
그는 　　아니다. 　　슬픈

4 She _____ bad.
그녀는 　　아니다. 　　나쁜

5 It _____ angry.
그것은 　　아니다. 　　화난

6 We _____ tired.
우리는 　　아니다. 　　피곤한

7 You _____ shy.
당신들은 　　아니다. 　　부끄러운

8 They _____ hungry.
그들은 　　아니다. 　　배고픈

9 You and I _____ sick.
너와 나는 　　아니다. 　　아픈

10 He and she _____ surprised.
그와 그녀는 　　아니다. 　　놀란

1
| | | happy. |
| 나는 | ~아니다. | 행복한 |

2
| | | sleepy. |
| 너는 | ~아니다. | 졸린 |

3
| | | sad. |
| 그는 | ~아니다. | 슬픈 |

4
| | | bad. |
| 그녀는 | ~아니다. | 나쁜 |

5
| | | angry. |
| 그것은 | ~아니다. | 화난 |

6
| | | tired. |
| 우리는 | ~아니다. | 피곤한 |

7
| | | shy. |
| 당신들은 | ~아니다. | 부끄러운 |

8
| | | hungry. |
| 그들은 | ~아니다. | 배고픈 |

9
| | | sick. |
| 너와 나는 | ~아니다. | 아픈 |

10
| | | surprised. |
| 그와 그녀는 | ~아니다. | 놀란 |

빈칸 채우기 ③

1

나는 행복하지 않다.

2

너는 졸리지 않다.

3

그는 슬프지 않다.

4

그녀는 나쁘지 않다.

5

그것은 화가 나지 않았다.

6

우리는 피곤하지 않다.

7

당신들은 부끄럽지 않다.

8

그들은 배고프지 않다.

9

너와 나는 아프지 않다.

10

그와 그녀는 놀라지 않았다.

1 I 　'm not　**happy.**
나는　아니다.　행복한

2 You　aren't　**sleepy.**
너는　아니다.　졸린

3 A boy　isn't　**sad.**
한 소년은　아니다.　슬픈

4 A girl　isn't　**bad.**
한 소녀는　아니다.　나쁜

5 A cat　isn't　**angry.**
한 고양이는　아니다.　화난

6 Dooboo and I　aren't　**tired.**
두부와 나는　아니다.　피곤한

7 Dooboo and you　aren't　**shy.**
두부와 당신들은　아니다.　부끄러운

8 A cat and a dog　aren't　**hungry.**
한 고양이와 한 강아지는　아니다.　배고픈

9 You and I　aren't　**sick.**
너와 나는　아니다.　아픈

10 He and she　aren't　**surprised.**
그와 그녀는　아니다.　놀란

1 I _____ happy.
나는 　　 아니다. 　　 행복한

2 You _____ sleepy.
너는 　　 아니다. 　　 졸린

3 A boy _____ sad.
한 소년은 　　 아니다. 　　 슬픈

4 A girl _____ bad.
한 소녀는 　　 아니다. 　　 나쁜

5 A cat _____ angry.
한 고양이는 　　 아니다. 　　 화난

6 Dooboo and I _____ tired.
두부와 나는 　　 아니다. 　　 피곤한

7 Dooboo and you _____ shy.
두부와 당신들은 　　 아니다. 　　 부끄러운

8 A cat and a dog _____ hungry.
한 고양이와 한 강아지는 　　 아니다. 　　 배고픈

9 You and I _____ sick.
너와 나는 　　 아니다. 　　 아픈

10 He and she _____ surprised.
그와 그녀는 　　 아니다. 　　 놀란

1
_____ _____ happy.
나는   ~아니다.   행복한

2
_____ _____ sleepy.
너는   ~아니다.   졸린

3
_____ _____ sad.
한 소년은   ~아니다.   슬픈

4
_____ _____ bad.
한 소녀는   ~아니다.   나쁜

5
_____ _____ angry.
한 고양이는   ~아니다.   화난

6
_____ _____ tired.
두부와 나는   ~아니다.   피곤한

7
_____ _____ shy.
두부와 당신들은   ~아니다.   부끄러운

8
_____ _____ hungry.
한 고양이와 한 강아지는 ~아니다.   배고픈

9
_____ _____ sick.
너와 나는   ~아니다.   아픈

10
_____ _____ surprised.
그와 그녀는   ~아니다.   놀란

빈칸 채우기 ③

1

나는 행복하지 않다.

2

너는 졸리지 않다.

3

한 소년은 슬프지 않다.

4

한 소녀는 나쁘지 않다.

5

한 고양이는 화가 나지 않았다.

6

두부와 나는 피곤하지 않다.

7

두부와 당신들은 부끄럽지 않다.

8

한 고양이와 한 강아지는 배고프지 않다.

9

너와 나는 아프지 않다.

10

그와 그녀는 놀라지 않았다.

따라쓰기

1 Am I happy?
이니? 나는 행복한

2 Are you sleepy?
이니? 너는 졸린

3 Is he sad?
이니? 그는 슬픈

4 Is she bad?
이니? 그녀는 나쁜

5 Is it angry?
이니? 그것은 화난

6 Are we tired?
이니? 우리는 피곤한

7 Are you shy?
이니? 당신들은 부끄러운

8 Are they hungry?
이니? 그들은 배고픈

9 Are you and I sick?
이니? 너와 나는 아픈

10 Are he and she surprised?
이니? 그와 그녀는 놀란

빈칸 채우기 ①

1 _____ I happy?

이니? 나는 행복한

2 _____ you sleepy?

이니? 너는 졸린

3 _____ he sad?

이니? 그는 슬픈

4 _____ she bad?

이니? 그녀는 나쁜

5 _____ it angry?

이니? 그것은 화난

6 _____ we tired?

이니? 우리는 피곤한

7 _____ you shy?

이니? 당신들은 부끄러운

8 _____ they hungry?

이니? 그들은 배고픈

9 _____ you and I sick?

이니? 너와 나는 아픈

10 _____ he and she surprised?

이니? 그와 그녀는 놀란

빈칸 채우기 ②

1 _____ _____ happy?
　　이니?　　　　　나는　　　　　행복한

2 _____ _____ sleepy?
　　이니?　　　　　너는　　　　　졸린

3 _____ _____ sad?
　　이니?　　　　　그는　　　　　슬픈

4 _____ _____ bad?
　　이니?　　　　　그녀는　　　　나쁜

5 _____ _____ angry?
　　이니?　　　　　그것은　　　　화난

6 _____ _____ tired?
　　이니?　　　　　우리는　　　　피곤한

7 _____ _____ shy?
　　이니?　　　　　당신들은　　　부끄러운

8 _____ _____ hungry?
　　이니?　　　　　그들은　　　　배고픈

9 _____ _____ sick?
　　이니?　　　　　너와 나는　　　아픈

10 _____ _____ surprised?
　　이니?　　　　　그와 그녀는　　놀란

빈칸 채우기 ③

1

나는 행복하니?

2

너는 졸리니?

3

그는 슬프니?

4

그녀는 나쁘니?

5

그것은 화가 났니?

6

우리는 피곤하니?

7

당신들은 부끄럽니?

8

그들은 배고프니?

9

너와 나는 아프니?

10

그와 그녀는 놀랐니?

1 Am I happy?
이니? 나는 행복한

2 Are you sleepy?
이니? 너는 졸린

3 Is a boy sad?
이니? 한 소년은 슬픈

4 Is a girl bad?
이니? 한 소녀는 나쁜

5 Is a cat angry?
이니? 한 고양이는 화난

6 Are Dooboo and I tired?
이니? 두부와 나는 피곤한

7 Are Dooboo and you shy?
이니? 두부와 당신들은 부끄러운

8 Are a cat and a dog hungry?
이니? 한 고양이와 한 강아지는 배고픈

9 Are you and I sick?
이니? 너와 나는 아픈

10 Are he and she surprised?
이니? 그와 그녀는 놀란

빈칸 채우기 ①

1 _____ I happy?

이니? 나는 행복한

2 _____ you sleepy?

이니? 너는 졸린

3 _____ a boy sad?

이니? 한 소년은 슬픈

4 _____ a girl bad?

이니? 한 소녀는 나쁜

5 _____ a cat angry?

이니? 한 고양이는 화난

6 _____ Dooboo and I tired?

이니? 두부와 나는 피곤한

7 _____ Dooboo and you shy?

이니? 두부와 당신들은 부끄러운

8 _____ a cat and a dog hungry?

이니? 한 고양이와 한 강아지는 배고픈

9 _____ you and I sick?

이니? 너와 나는 아픈

10 _____ he and she surprised?

이니? 그와 그녀는 놀란

1

_____ _____ happy?

이니?　　　　　나는　　　　　행복한

2

_____ _____ sleepy?

이니?　　　　　너는　　　　　졸린

3

_____ _____ sad?

이니?　　　　　한 소년은　　　　슬픈

4

_____ _____ bad?

이니?　　　　　한 소녀는　　　　나쁜

5

_____ _____ angry?

이니?　　　　　한 고양이는　　　　화난

6

_____ _____ tired?

이니?　　　　　두부와 나는　　　　피곤한

7

_____ _____ shy?

이니?　　　　　두부와 당신들은　　　부끄러운

8

_____ _____ hungry?

이니?　　　　　한 고양이와 한 강아지는　　배고픈

9

_____ _____ sick?

이니?　　　　　너와 나는　　　　아픈

10

_____ _____ surprised?

이니?　　　　　그와 그녀는　　　　놀란

빈칸 채우기 ③

1
나는 행복하니?

2
너는 졸리니?

3
한 소년은 슬프니?

4
한 소녀는 나쁘니?

5
한 고양이는 화가 났니?

6
두부와 나는 피곤하니?

7
두부와 당신들은 부끄럽니?

8
한 고양이와 한 강아지는 배고프니?

9
너와 나는 아프니?

10
그와 그녀는 놀랐니?

다음 한글에 맞는 영어문장을 적으시오

1 나는 행복하다. ....

2 너는 졸리다. ....

3 그녀는 나쁘다. ....

4 고양이는 화가 났다. ....

5 그들은 배가 고프다. ....

6 두부와 너는 부끄럽다. ....

7 나는 행복하지 않다. ....

8 너는 졸리지 않다. ....

9 한 고양이와 한 강아지는 배고프지 않다. ....

10 너와 나는 아프지 않다. ....

11 한 소녀는 나쁘지 않다. ....

12 그들은 배고프지 않다. ....

13 나는 행복하니? ....

14 너는 졸리니? ....

15 그는 슬프니? ....

16 그들은 배고프니? ....

17 고양이는 화가 났니? ....

18 한 고양이와 한 강아지는 아프니? ....

19 우리는 피곤하니? ....

20 두부와 나는 피곤하지 않다. ....

다음 영어에 맞는 한글문장을 적으시오.

1   I am happy.

2   You are sleepy.

3   She is bad.

4   A cat is angry.

5   They are hungry.

6   Dooboo and you are shy.

7   I am not happy.

8   You are not sleepy.

9   A cat and a dog are not hungry.

10   You and I are not sick.

11   A girl is not bad.

12   They are not hungry.

13   Am I happy?

14   Are you sleepy?

15   Is he sad?

16   Are they hungry?

17   Is a cat angry?

18   Are a cat and a dog sick?

19   Are we tired?

20   Dooboo and I are not tired.

Chapter 1~3 공통단어

I 나	you 너	he 그	she 그녀
it 그것	we 우리	you 당신들	they 그들
boy 소년	girl 소녀	cat 고양이	Dooboo 두부 (이름)
dog 강아지	am ~이다.	are ~이다.	is ~이다.

Chapter 2 단어 체크

☑	mom 엄마	☐	dad 아빠
☐	brother 오빠(남자형제)	☐	sister 언니(여자형제)
☐	baby 아기	☐	grandfather 할아버지
☐	grandmother 할머니	☐	aunt 고모, 이모
☐	uncle 삼촌	☐	cousin 사촌

Chapter 2

	원래 형태	변형		원래 형태	변형	
긍정문	I am	I'm	+ 단수명사 (1명 또는 1개의 이름)	We are	We're	+ 복수명사 (2명 또는 2개 이상의 이름)
	You are	You're		You are	You're	
	He is	He's		They are	They're	
	It is	It's				
부정문	I am not	I'm not	+ 단수명사 (1명 또는 1개의 이름)	We are not	We're not = We aren't	+ 복수명사 (2명 또는 2개 이상의 이름)
	You are not	You're not = You aren't		You are not	You're not = You aren't	
	He is not	He's not = He isn't		They are not	They're not = They aren't	
	It is not	It's not = It isn't				
의문문	I am	Am I ~ ?	+ 단수명사 (1명 또는 1개의 이름)	We are	Are we ~ ?	+ 복수명사 (2명 또는 2개 이상의 이름)
	You are	Are you ~ ?		You are	Are you ~ ?	
	He is	Is he ~ ?		They are	Are they ~ ?	
	It is	Is it ~ ?				

1. I am a mom.
나는 이다. 엄마

2. You are a dad.
너는 이다. 아빠

3. He is a brother.
그는 이다. 오빠

4. She is a sister.
그녀는 이다. 언니

5. It is a baby.
그것은 이다. 아기

6. We are grandfathers.
우리는 이다. 할아버지들

7. You are grandmothers.
당신들은 이다. 할머니들

8. They are aunts.
그들은 이다. 고모들

9. You and I are uncles.
너와 나는 이다. 삼촌들

10. He and she are cousins.
그와 그녀는 이다. 사촌들

1 I _____ a mom.
나는　　　이다.　　　엄마

2 You _____ a dad.
너는　　　이다.　　　아빠

3 He _____ a brother.
그는　　　이다.　　　오빠

4 She _____ a sister.
그녀는　　　이다.　　　언니

5 It _____ a baby
그것은　　　이다.　　　아기

6 We _____ grandfathers.
우리는　　　이다.　　　할아버지들

7 You _____ grandmothers.
당신들은　　　이다.　　　할머니들

8 They _____ aunts.
그들은　　　이다.　　　고모들

9 You and I _____ uncles.
너와 나는　　　이다.　　　삼촌들

10 He and she _____ cousins.
그와 그녀는　　　이다.　　　사촌들

1 _____ _____ a mom.
        나는   이다.   엄마

2 _____ _____ a dad.
        너는   이다.   아빠

3 _____ _____ a brother.
        그는   이다.   오빠

4 _____ _____ a sister.
        그녀는   이다.   언니

5 _____ _____ a baby.
        그것은   이다.   아기

6 _____ _____ grandfathers.
        우리는   이다.   할아버지들

7 _____ _____ grandmothers.
        당신들은   이다.   할머니들

8 _____ _____ aunts.
        그들은   이다.   고모들

9 _____ _____ uncles.
        너와 나는   이다.   삼촌들

10 _____ _____ cousins.
       그와 그녀는   이다.   사촌들

빈칸 채우기 ③

1

나는 엄마이다.

2

너는 아빠이다.

3

그는 오빠이다.

4

그녀는 언니이다.

5

그것은 아기이다.

6

우리는 할아버지들이다.

7

당신들은 할머니들이다.

8

그들은 고모들이다.

9

너와 나는 삼촌들이다.

10

그와 그녀는 사촌들이다.

따라쓰기

1. I am a mom.
   나는 　　이다. 　　엄마

2. You are a dad.
   너는 　　이다. 　　아빠

3. A boy is a brother.
   한 소년은 　　이다. 　　오빠

4. A girl is a sister.
   한 소녀는 　　이다. 　　언니

5. A cat is a baby.
   한 고양이는 　　이다. 　　아기

6. Dooboo and I are grandfathers.
   두부와 나는 　　이다. 　　할아버지들

7. Dooboo and you are grandmothers.
   두부와 너는 　　이다. 　　할머니들

8. A cat and a dog are aunts.
   한 고양이와 한 강아지는 　　이다. 　　고모들

9. You and I are uncles.
   너와 나는 　　이다. 　　삼촌들

10. He and she are cousins.
    그와 그녀는 　　이다. 　　사촌들

빈칸 채우기 ①

1 I _____ a mom.

나는 　　　　이다. 　　　　엄마

2 You _____ a dad.

너는 　　　　이다. 　　　　아빠

3 A boy _____ a brother.

한 소년은 　　　　이다. 　　　　오빠

4 A girl _____ a sister.

한 소녀는 　　　　이다. 　　　　언니

5 A cat _____ a baby.

한 고양이는 　　　　이다. 　　　　아기

6 Dooboo and I _____ grandfathers.

두부와 나는 　　　　이다. 　　　　할아버지들

7 Dooboo and you _____ grandmothers.

두부와 너는 　　　　이다. 　　　　할머니들

8 A cat and a dog _____ aunts.

한 고양이와 한 강아지는 　　　　이다. 　　　　고모들

9 You and I _____ uncles.

너와 나는 　　　　이다. 　　　　삼촌들

10 He and she _____ cousins.

그와 그녀는 　　　　이다. 　　　　사촌들

1 _____ _____ a mom.
　　　 나는　　　　　　　 이다.　　　　　　 엄마

2 _____ _____ a dad.
　　　 너는　　　　　　　 이다.　　　　　　 아빠

3 _____ _____ a brother.
　　 한 소년은　　　　　　 이다.　　　　　　 오빠

4 _____ _____ a sister.
　　 한 소녀는　　　　　　 이다.　　　　　　 언니

5 _____ _____ a baby.
　　 한 고양이는　　　　　 이다.　　　　　　 아기

6 _____ _____ grandfathers.
　　 두부와 나는　　　　　　　 이다.　　　　 할아버지들

7 _____ _____ grandmothers.
　　 두부와 너는　　　　　　　 이다.　　　　 할머니들

8 _____ _____ aunts.
　 한 고양이와 한 강아지는　　 이다.　　　　 고모들

9 _____ _____ uncles.
　　 너와 나는　　　　　　　 이다.　　　　　 삼촌들

10 _____ _____ cousins.
　　 그와 그녀는　　　　　　 이다.　　　　　 사촌들

빈칸 채우기 ③

1

나는 엄마이다.

2

너는 아빠이다.

3

한 소년은 오빠이다.

4

한 소녀는 언니이다.

5

한 고양이는 아기이다.

6

두부와 나는 할아버지들이다.

7

두부와 너는 할머니들이다.

8

한 고양이 한 강아지는 고모들이다.

9

너와 나는 삼촌들이다.

10

그와 그녀는 사촌들이다.

1 I 'm not a mom.
나는 아니다. 엄마

2 You aren't a dad.
너는 아니다. 아빠

3 He isn't a brother.
그는 아니다. 오빠

4 She isn't a sister.
그녀는 아니다. 언니

5 It isn't a baby.
그것은 아니다. 아기

6 We aren't grandfathers.
우리는 아니다. 할아버지들

7 You aren't grandmothers.
당신들은 아니다. 할머니들

8 They aren't aunts.
그들은 아니다. 고모들

9 You and I aren't uncles.
너와 나는 아니다. 삼촌들

10 He and she aren't cousins.
그와 그녀는 아니다. 사촌들

빈칸 채우기 ①

1 I _____ a mom.

나는　　　　아니다.　　　엄마

2 You _____ a dad.

너는　　　　아니다.　　　아빠

3 He _____ a brother.

그는　　　　아니다.　　　오빠

4 She _____ a sister.

그녀는　　　　아니다.　　　언니

5 It _____ a baby

그것은　　　아니다.　　　아기

6 We _____ grandfathers.

우리는　　　아니다.　　　할아버지들

7 You _____ grandmothers.

당신들은　　　아니다.　　　할머니들

8 They _____ aunts.

그들은　　　아니다.　　　고모들

9 You and I _____ uncles.

너와 나는　　　　아니다.　　　삼촌들

10 He and she _____ cousins.

그와 그녀는　　　　아니다.　　　사촌들

1 _____ _____ a mom.
　　나는　　　　　　아니다.　　　　엄마

2 _____ _____ a dad.
　　너는　　　　　　아니다.　　　　아빠

3 _____ _____ a brother.
　　그는　　　　　　아니다.　　　　오빠

4 _____ _____ a sister.
　　그녀는　　　　　아니다.　　　　언니

5 _____ _____ a baby.
　　그것은　　　　　아니다.　　　　아기

6 _____ _____ grandfathers.
　　우리는　　　　　아니다.　　　　할아버지들

7 _____ _____ grandmothers.
　　당신들은　　　　아니다.　　　　할머니들

8 _____ _____ aunts.
　　그들은　　　　　아니다.　　　　고모들

9 _____ _____ uncles.
　　너와 나는　　　　　아니다.　　　삼촌들

10 _____ _____ cousins.
　　그와 그녀는　　　　아니다.　　　사촌들

빈칸 채우기 ③

1

나는 엄마가 아니다.

2

너는 아빠가 아니다.

3

그는 오빠가 아니다.

4

그녀는 언니가 아니다.

5

그것은 아기가 아니다.

6

우리는 할아버지들이 아니다.

7

당신들은 할머니들이 아니다.

8

그들은 고모들이 아니다.

9

너와 나는 삼촌들이 아니다.

10

그와 그녀는 사촌들이 아니다.

따라쓰기

1. I 'm not a mom.
나는 아니다. 엄마

2. You aren't a dad.
너는 아니다. 아빠

3. A boy isn't a brother.
한 소년은 아니다. 오빠

4. A girl isn't a sister.
한 소녀는 아니다. 언니

5. A cat isn't a baby.
한 고양이는 아니다. 아기

6. Dooboo and I aren't grandfathers.
두부와 나는 아니다. 할아버지들

7. Dooboo and you aren't grandmothers.
두부와 너는 아니다. 할머니들

8. A cat and a dog aren't aunts.
한 고양이와 한 강아지는 아니다. 고모들

9. You and I aren't uncles.
너와 나는 아니다. 삼촌들

10. He and she aren't cousins.
그와 그녀는 아니다. 사촌들

1 I _____ a mom
나는   아니다.   엄마

2 You _____ a dad.
너는   아니다.   아빠

3 A boy _____ a brother.
한 소년은   아니다.   오빠

4 A girl _____ a sister.
한 소녀는   아니다.   언니

5 A cat _____ a baby.
한 고양이는   아니다.   아기

6 Dooboo and I _____ grandfathers.
두부와 나는   아니다.   할아버지들

7 Dooboo and you _____ grandmothers.
두부와 너는   아니다.   할머니들

8 A cat and a dog _____ aunts.
한 고양이와 한 강아지는   아니다.   고모들

9 You and I _____ uncles.
너와 나는   아니다.   삼촌들

10 He and she _____ cousins.
그와 그녀는   아니다.   사촌들

빈칸 채우기 ②

1 _____ _____ a mom.

나는   아니다.   엄마

2 _____ _____ a dad.

너는   아니다.   아빠

3 _____ _____ a brother.

한 소년은   아니다.   오빠

4 _____ _____ a sister.

한 소녀는   아니다.   언니

5 _____ _____ a baby.

한 고양이는   아니다.   아기

6 _____ _____ grandfathers.

두부와 나는   아니다.   할아버지들

7 _____ _____ grandmothers.

두부와 너는   아니다.   할머니들

8 _____ _____ aunts.

한 고양이와 한 강아지는   아니다.   고모들

9 _____ _____ uncles.

너와 나는   아니다.   삼촌들

10 _____ _____ cousins.

그와 그녀는   아니다.   사촌들

54

빈칸 채우기 ③

1

나는 엄마가 아니다.

2

너는 아빠가 아니다.

3

한 소년은 오빠가 아니다.

4

한 소녀는 언니가 아니다.

5

한 고양이는 아기가 아니다.

6

두부와 나는 할아버지들이 아니다.

7

두부와 너는 할머니들이 아니다.

8

한 고양이와 한 강아지는 고모들이 아니다.

9

너와 나는 삼촌들이 아니다.

unit
10

10

그와 그녀는 사촌들이 아니다.

따라쓰기

1 Am | a mom?
이니? 나는 엄마

2 Are you a dad?
이니? 너는 아빠

3 Is he a brother?
이니? 그는 오빠

4 Is she a sister?
이니? 그녀는 언니

5 Is it a baby?
이니? 그것은 아기

6 Are we grandfathers?
이니? 우리는 할아버지들

7 Are you grandmothers?
이니? 당신들은 할머니들

8 Are they aunts?
이니? 그들은 고모들

9 Are you and I uncles?
이니? 너와 나는 삼촌들

10 Are he and she cousins?
이니? 그와 그녀는 사촌들

1 _____ I a mom?
이니? 나는 엄마

2 _____ you a dad?
이니? 너는 아빠

3 _____ he a brother?
이니? 그는 오빠

4 _____ she a sister?
이니? 그녀는 언니

5 _____ it a baby?
이니? 그것은 아기

6 _____ we grandfathers?
이니? 우리는 할아버지들

7 _____ you grandmothers?
이니? 당신들은 할머니들

8 _____ they aunts?
이니? 그들은 고모들

9 _____ you and I uncles?
이니? 너와 나는 삼촌들

10 _____ he and she cousins?
이니? 그와 그녀는 사촌들

1

_____ 　_____ 　a mom?

이니? 　나는 　엄마

2

_____ 　_____ 　a dad?

이니? 　너는 　아빠

3

_____ 　_____ 　a brother?

이니? 　그는 　오빠

4

_____ 　_____ 　a sister?

이니? 　그녀는 　언니

5

_____ 　_____ 　a baby?

이니? 　그것은 　아기

6

_____ 　_____ 　grandfathers?

이니? 　우리는 　할아버지들

7

_____ 　_____ 　grandmothers?

이니? 　당신들은 　할머니들

8

_____ 　_____ 　aunts?

이니? 　그들은 　고모들

9

_____ 　_____ 　uncles?

이니? 　너와 나는 　삼촌들

10

_____ 　_____ 　cousins?

이니? 　그와 그녀는 　사촌들

빈칸 채우기 ③

1

나는 엄마이니?

2

너는 아빠이니?

3

그는 오빠이니?

4

그녀는 언니이니?

5

그것은 아기이니?

6

우리는 할아버지들이니?

7

당신들은 할머니들이니?

8

그들은 고모들이니?

9

너와 나는 삼촌들이니?

10

그와 그녀는 사촌들이니?

1 Am | a mom?
이니? 나는 엄마

2 Are you a dad?
이니? 너는 아빠

3 Is a boy a brother?
이니? 한 소년은 오빠

4 Is a girl a sister?
이니? 한 소녀는 언니

5 Is a cat a baby?
이니? 한 고양이는 아기

6 Are Dooboo and I grandfathers?
이니? 두부와 나는 할아버지들

7 Are Dooboo and you grandmothers?
이니? 두부와 너는 할머니들

8 Are a cat and a dog aunts?
이니? 한 고양이와 한 강아지는 고모들

9 Are you and I uncles?
이니? 너와 나는 삼촌들

10 Are he and she cousins?
이니? 그와 그녀는 사촌들

1 _____ I a mom?

이니? 나는 엄마

2 _____ you a dad?

이니? 너는 아빠

3 _____ a boy a brother?

이니? 한 소년은 오빠

4 _____ a girl a sister?

이니? 한 소녀는 언니

5 _____ a cat a baby?

이니? 한 고양이는 아기

6 _____ Dooboo and I grandfathers?

이니? 두부와 나는 할아버지들

7 _____ Dooboo and you grandmothers?

이니? 두부와 너는 할머니들

8 _____ a cat and a dog aunts?

이니? 한 고양이와 한 강아지는 고모들

9 _____ you and I uncles?

이니? 너와 나는 삼촌들

10 _____ he and she cousins?

이니? 그와 그녀는 사촌들

1
_____ _____ a mom?
이니? 나는 엄마

2
_____ _____ a dad?
이니? 너는 아빠

3
_____ _____ a brother?
이니? 한 소년은 오빠

4
_____ _____ a sister?
이니? 한 소녀는 언니

5
_____ _____ a baby?
이니? 한 고양이는 아기

6
_____ _____ grandfathers?
이니? 두부와 나는 할아버지들

7
_____ _____ grandmothers?
이니? 두부와 너는 할머니들

8
_____ _____ aunts?
이니? 한 고양이와 한 강아지는 고모들

9
_____ _____ uncles?
이니? 너와 나는 삼촌들

10
_____ _____ cousins?
이니? 그와 그녀는 사촌들

빈칸 채우기 ③

1

나는 엄마이니?

2

너는 아빠이니?

3

한 소년은 오빠이니?

4

한 소녀는 언니이니?

5

한 고양이는 아기이니?

6

두부와 나는 할아버지들이니?

7

두부와 너는 할머니들이니?

8

한 고양이와 한 강아지는 고모들이니?

9

너와 나는 삼촌들이니?

10

그와 그녀는 사촌들이니?

다음 한글에 맞는 영어문장을 적으시오

1 나는 엄마다. ....

2 너는 아빠다. ....

3 그는 남자형제다. ....

4 그것은 아기다. ....

5 우리는 할아버지들이다. ....

6 그들은 고모(이모)들이다. ....

7 한 고양이와 한 강아지는 고모(이모)이다. ....

8 나는 엄마가 아니다. ....

9 너는 아빠가 아니다. ....

10 그녀는 언니(여동생)이 아니다. ....

11 우리는 할머니들이 아니다. ....

12 그와 그녀는 사촌들이 아니다. ....

13 고양이는 아기가 아니다. ....

14 내가 엄마니? ....

15 네가 아빠니? ....

16 그녀는 여동생(언니)이니? ....

17 그는 남동생(형)이니? ....

18 그들은 고모(이모)들이니? ....

19 우리는 할아버지들이니? ....

20 그와 그녀는 사촌이니? ....

다음 영어에 맞는 한글문장을 적으시오.

1 I am a mom.

2 You are a dad.

3 He is a brother.

4 It is a baby.

5 We are grandfathers.

6 They are aunts.

7 A cat and a dog are aunts.

8 I'm not a mom.

9 You're not a dad.

10 She isn't a sister.

11 We aren't grandmothers.

12 He and she aren't cousins.

13 A cat isn't a baby.

14 Am I a mom?

15 Are you a dad?

16 Is she a sister?

17 Is he a brother?

18 Are they aunts?

19 Are we grandfathers?

20 Are he and she cousins?

I 나	you 너	he 그	she 그녀
it 그것	we 우리	you 당신들	they 그들
boy 소년	girl 소녀	cat 고양이	Dooboo 두부 (이름)
dog 강아지	am ~이다	are ~이다	is ~이다

Chapter 3 단어 체크

☑	this 이것	☐	that 저것
☐	black 검은색	☐	blue 파란색
☐	brown 갈색	☐	green 녹색
☐	orange 주황색	☐	pink 핑크색
☐	purple 보라색	☐	red 빨간색
☐	white 흰색	☐	yellow 노란색

	원래 형태	변형	
평서문	This is		
	That is	That's	**+ 형용사** **(happy. bad.sad. color 등) /** **단수 명사** **(1명 또는 1개의 이름)**
부정문	This is not	This isn't	
	That is not	That isn't	
의문문	This is	Is this ~ ?	
	That is	Is that ~ ?	

1   This   is   **black.**
이것은   이다.   검은색

2   This   is   **blue.**
이것은   이다.   파란색

3   This   is   **brown.**
이것은   이다.   갈색

4   This   is   **green.**
이것은   이다.   녹색

5   This   is   **orange.**
이것은   이다.   주황색

6   This   is   **pink.**
이것은   이다.   핑크색

7   This   is   **purple.**
이것은   이다.   보라색

8   This   is   **red.**
이것은   이다.   빨간색

9   This   is   **white.**
이것은   이다.   흰색

10   This   is   **yellow.**
이것은   이다.   노란색

빈칸 채우기 ①

1 This _____ black.
이것은 　　　　이다. 　검은색

2 This _____ blue.
이것은 　　　　이다. 　파란색

3 This _____ brown.
이것은 　　　　이다. 　갈색

4 This _____ green.
이것은 　　　　이다. 　녹색

5 This _____ orange.
이것은 　　　　이다. 　주황색

6 This _____ pink.
이것은 　　　　이다. 　핑크색

7 This _____ purple.
이것은 　　　　이다. 　보라색

8 This _____ red.
이것은 　　　　이다. 　빨간색

9 This _____ white.
이것은 　　　　이다. 　흰색

10 This _____ yellow.
이것은 　　　　이다. 　노란색

1 black.
이것은 ___ 이다. 검은색

2 blue.
이것은 ___ 이다. 파란색

3 brown.
이것은 ___ 이다. 갈색

4 green.
이것은 ___ 이다. 녹색

5 orange.
이것은 ___ 이다. 주황색

6 pink.
이것은 ___ 이다. 핑크색

7 purple.
이것은 ___ 이다. 보라색

8 red.
이것은 ___ 이다. 빨간색

9 white.
이것은 ___ 이다. 흰색

10 yellow.
이것은 ___ 이다. 노란색

빈칸 채우기 ③

1

이것은 검은색이다.

2

이것은 파란색이다.

3

이것은 갈색이다.

4

이것은 녹색이다.

5

이것은 주황색이다.

6

이것은 핑크색이다.

7

이것은 보라색이다.

8

이것은 빨간색이다.

9

이것은 흰색이다.

10

이것은 노란색이다.

따라쓰기

1 That is black.
저것은 이다. 검은색

2 That is blue.
저것은 이다. 파란색

3 That is brown.
저것은 이다. 갈색

4 That is green.
저것은 이다. 녹색

5 That is orange.
저것은 이다. 주황색

6 That is pink.
저것은 이다. 핑크색

7 That is purple.
저것은 이다. 보라색

8 That is red.
저것은 이다. 빨간색

9 That is white.
저것은 이다. 흰색

10 That is yellow.
저것은 이다. 노란색

unit 14 빈칸 채우기 ①

1 That _____ black.
저것은 　　　 이다. 　 검은색

2 That _____ blue.
저것은 　　　 이다. 　 파란색

3 That _____ brown.
저것은 　　　 이다. 　 갈색

4 That _____ green.
저것은 　　　 이다. 　 녹색

5 That _____ orange.
저것은 　　　 이다. 　 주황색

6 That _____ pink.
저것은 　　　 이다. 　 핑크색

7 That _____ purple.
저것은 　　　 이다. 　 보라색

8 That _____ red.
저것은 　　　 이다. 　 빨간색

9 That _____ white.
저것은 　　　 이다. 　 흰색

10 That _____ yellow.
저것은 　　　 이다. 　 노란색

unit
14

1 _____ _____ black.
저것은 이다. 검은색

2 _____ _____ blue.
저것은 이다. 파란색

3 _____ _____ brown.
저것은 이다. 갈색

4 _____ _____ green.
저것은 이다. 녹색

5 _____ _____ orange.
저것은 이다. 주황색

6 _____ _____ pink.
저것은 이다. 핑크색

7 _____ _____ purple.
저것은 이다. 보라색

8 _____ _____ red.
저것은 이다. 빨간색

9 _____ _____ white.
저것은 이다. 흰색

10 _____ _____ yellow.
저것은 이다. 노란색

빈칸 채우기 ③

1

저것은 검은색이다.

2

저것은 파란색이다.

3

저것은 갈색이다.

4

저것은 녹색이다.

5

저것은 주황색이다.

6

저것은 핑크색이다.

7

저것은 보라색이다.

8

저것은 빨간색이다.

9

저것은 흰색이다.

10

저것은 노란색이다.

따라쓰기

1 This / 이것은   isn't / 아니다.   **black.** / 검은색

2 This / 이것은   isn't / 아니다.   **blue.** / 파란색

3 This / 이것은   isn't / 아니다.   **brown.** / 갈색

4 This / 이것은   isn't / 아니다.   **green.** / 녹색

5 This / 이것은   isn't / 아니다.   **orange.** / 주황색

6 This / 이것은   isn't / 아니다.   **pink.** / 핑크색

7 This / 이것은   isn't / 아니다.   **purple.** / 보라색

8 This / 이것은   isn't / 아니다.   **red.** / 빨간색

9 This / 이것은   isn't / 아니다.   **white.** / 흰색

10 This / 이것은   isn't / 아니다.   **yellow.** / 노란색

1 This _____ black.
이것은   아니다.   검은색

2 This _____ blue.
이것은   아니다.   파란색

3 This _____ brown.
이것은   아니다.   갈색

4 This _____ green.
이것은   아니다.   녹색

5 This _____ orange.
이것은   아니다.   주황색

6 This _____ pink.
이것은   아니다.   핑크색

7 This _____ purple.
이것은   아니다.   보라색

8 This _____ red.
이것은   아니다.   빨간색

9 This _____ white.
이것은   아니다.   흰색

10 This _____ yellow.
이것은   아니다.   노란색

1

_____ _____ black.

이것은   아니다.   검은색

2

_____ _____ blue.

이것은   아니다.   파란색

3

_____ _____ brown.

이것은   아니다.   갈색

4

_____ _____ green.

이것은   아니다.   녹색

5

_____ _____ orange.

이것은   아니다.   주황색

6

_____ _____ pink.

이것은   아니다.   핑크색

7

_____ _____ purple.

이것은   아니다.   보라색

8

_____ _____ red.

이것은   아니다.   빨간색

9

_____ _____ white.

이것은   아니다.   흰색

10

_____ _____ yellow.

이것은   아니다.   노란색

빈칸 채우기 ③

1

이것은 검은색이 아니다.

2

이것은 파란색이 아니다.

3

이것은 갈색이 아니다.

4

이것은 녹색이 아니다.

5

이것은 주황색이 아니다.

6

이것은 핑크색이 아니다.

7

이것은 보라색이 아니다.

8

이것은 빨간색이 아니다.

9

이것은 흰색이 아니다.

10

이것은 노란색이 아니다.

따라쓰기

1 That
저것은

isn't
아니다.

black.
검은색

2 That
저것은

isn't
아니다.

blue.
파란색

3 That
저것은

isn't
아니다.

brown.
갈색

4 That
저것은

isn't
아니다.

green.
녹색

5 That
저것은

isn't
아니다.

orange.
주황색

6 That
저것은

isn't
아니다.

pink.
핑크색

7 That
저것은

isn't
아니다.

purple.
보라색

8 That
저것은

isn't
아니다.

red.
빨간색

9 That
저것은

isn't
아니다.

white.
흰색

10 That
저것은

isn't
아니다.

yellow.
노란색

1 That _____ black.

저것은 　　　　아니다. 　　검은색

2 That _____ blue.

저것은 　　　　아니다. 　　파란색

3 That _____ brown.

저것은 　　　　아니다. 　　갈색

4 That _____ green.

저것은 　　　　아니다. 　　녹색

5 That _____ orange.

저것은 　　　　아니다. 　　주황색

6 That _____ pink.

저것은 　　　　아니다. 　　핑크색

7 That _____ purple.

저것은 　　　　아니다. 　　보라색

8 That _____ red.

저것은 　　　　아니다. 　　빨간색

9 That _____ white.

저것은 　　　　아니다. 　　흰색

10 That _____ yellow.

저것은 　　　　아니다. 　　노란색

unit
16

1

저것은   아니다.   **black.**

검은색

2

저것은   아니다.   **blue.**

파란색

3

저것은   아니다.   **brown.**

갈색

4

저것은   아니다.   **green.**

녹색

5

저것은   아니다.   **orange.**

주황색

6

저것은   아니다.   **pink.**

핑크색

7

저것은   아니다.   **purple.**

보라색

8

저것은   아니다.   **red.**

빨간색

9

저것은   아니다.   **white.**

흰색

10

저것은   아니다.   **yellow.**

노란색

빈칸 채우기 ③

1

저것은 검은색이 아니다.

2

저것은 파란색이 아니다.

3

저것은 갈색이 아니다.

4

저것은 녹색이 아니다.

5

저것은 주황색이 아니다.

6

저것은 핑크색이 아니다.

7

저것은 보라색이 아니다.

8

저것은 빨간색이 아니다.

9

저것은 흰색이 아니다.

10

저것은 노란색이 아니다.

1 Is this black?
이니? 이것은 검은색

2 Is this blue?
이니? 이것은 파란색

3 Is this brown?
이니? 이것은 갈색

4 Is this green?
이니? 이것은 녹색

5 Is this orange?
이니? 이것은 주황색

6 Is this pink?
이니? 이것은 핑크색

7 Is this purple?
이니? 이것은 보라색

8 Is this red?
이니? 이것은 빨간색

9 Is this white?
이니? 이것은 흰색

10 Is this yellow?
이니? 이것은 노란색

1 _____ this black?
이니?　이것은 검은색

2 _____ this blue?
이니?　이것은 파란색

3 _____ this brown?
이니?　이것은 갈색

4 _____ this green?
이니?　이것은 녹색

5 _____ this orange?
이니?　이것은 주황색

6 _____ this pink?
이니?　이것은 핑크색

7 _____ this purple?
이니?　이것은 보라색

8 _____ this red?
이니?　이것은 빨간색

9 _____ this white?
이니?　이것은 흰색

10 _____ this yellow?
이니?　이것은 노란색

unit
17

1
_____ 　 _____ 　 black?
　 이니? 　 이것은 　 검은색

2
_____ 　 _____ 　 blue?
　 이니? 　 이것은 　 파란색

3
_____ 　 _____ 　 brown?
　 이니? 　 이것은 　 갈색

4
_____ 　 _____ 　 green?
　 이니? 　 이것은 　 녹색

5
_____ 　 _____ 　 orange?
　 이니? 　 이것은 　 주황색

6
_____ 　 _____ 　 pink?
　 이니? 　 이것은 　 핑크색

7
_____ 　 _____ 　 purple?
　 이니? 　 이것은 　 보라색

8
_____ 　 _____ 　 red?
　 이니? 　 이것은 　 빨간색

9
_____ 　 _____ 　 white?
　 이니? 　 이것은 　 흰색

10
_____ 　 _____ 　 yellow?
　 이니? 　 이것은 　 노란색

1

이것은 검은색이니?

2

이것은 파란색이니?

3

이것은 갈색이니?

4

이것은 녹색이니?

5

이것은 주황색이니?

6

이것은 핑크색이니?

7

이것은 보라색이니?

8

이것은 빨간색이니?

9

이것은 흰색이니?

10

이것은 노란색이니?

unit 18 따라쓰기

1 Is   that   **black?**
이니?   저것은   검은색

2 Is   that   **blue?**
이니?   저것은   파란색

3 Is   that   **brown?**
이니?   저것은   갈색

4 Is   that   **green?**
이니?   저것은   녹색

5 Is   that   **orange?**
이니?   저것은   주황색

6 Is   that   **pink?**
이니?   저것은   핑크색

7 Is   that   **purple?**
이니?   저것은   보라색

8 Is   that   **red?**
이니?   저것은   빨간색

9 Is   that   **white?**
이니?   저것은   흰색

10 Is   that   **yellow?**
이니?   저것은   노란색

88

1 _____ that black?
이니? 저것은 검은색

2 _____ that blue?
이니? 저것은 파란색

3 _____ that brown?
이니? 저것은 갈색

4 _____ that green?
이니? 저것은 녹색

5 _____ that orange?
이니? 저것은 주황색

6 _____ that pink?
이니? 저것은 핑크색

7 _____ that purple?
이니? 저것은 보라색

8 _____ that red?
이니? 저것은 빨간색

9 _____ that white?
이니? 저것은 흰색

10 _____ that yellow?
이니? 저것은 노란색

unit
18

89

unit 18 빈칸 채우기 ②

1
_____ _____ black?

이니?   저것은   검은색

2
_____ _____ blue?

이니?   저것은   파란색

3
_____ _____ brown?

이니?   저것은   갈색

4
_____ _____ green?

이니?   저것은   녹색

5
_____ _____ orange?

이니?   저것은   주황색

6
_____ _____ pink?

이니?   저것은   핑크색

7
_____ _____ purple?

이니?   저것은   보라색

8
_____ _____ red?

이니?   저것은   빨간색

9
_____ _____ white?

이니?   저것은   흰색

10
_____ _____ yellow?

이니?   저것은   노란색

90

빈칸 채우기 ③

1

저것은 검은색이니?

2

저것은 파란색이니?

3

저것은 갈색이니?

4

저것은 녹색이니?

5

저것은 주황색이니?

6

저것은 핑크색이니?

7

저것은 보라색이니?

8

저것은 빨간색이니?

9

저것은 흰색이니?

10

저것은 노란색이니?

다음 한글에 맞는 영어문장을 적으시오

1 이것은 노란색이다.

2 저것은 검은색이다.

3 이것은 흰색이다.

4 저것은 갈색이다.

5 이것은 주황색이다.

6 저것은 핑크색이다.

7 이것은 녹색이 아니다.

8 저것은 보라색이 아니다.

9 이것은 빨간색이 아니다.

10 저것은 파란색이 아니다.

11 이것은 노란색이 아니다.

12 저것은 갈색이 아니다.

13 이것은 검은색이 아니다.

14 저것은 핑크색이 아니다.

15 이것은 검은색이니?

16 저것은 빨간색이니?

17 이것은 흰색이니?

18 저것은 보라색이니?

19 이것은 녹색이니?

20 저것은 갈색이니?

다음 영어에 맞는 한글문장을 적으시오.

1   This is yellow. ....

2   That is black. ....

3   This is white. ....

4   That is brown. ....

5   This is orange. ....

6   That is pink. ....

7   This isn't green. ....

8   That isn't purple. ....

9   This isn't red. ....

10   That isn't blue. ....

11   This isn't yellow. ....

12   That isn't brown. ....

13   This isn't black. ....

14   That isn't pink. ....

15   Is this black? ....

16   Is that red? ....

17   Is this white? ....

18   Is that purple? ....

19   Is this green? ....

20   Is that brown? ....

Chapter 4~5 공통단어

these 이것들	those 저것들	bag 가방
book 책	crayon 크레파스	desk 책상
eraser 지우개	notebook 공책	pen 펜
pencil 연필	pencil case 필통	ruler 자

Chapter 4 단어 체크

☑ bags 가방들	☐ books 책들	
☐ crayons 크레파스들	☐ desks 책상들	
☐ erasers 지우개들	☐ notebooks 공책들	
☐ pens 펜들	☐ pencils 연필들	
☐ pencil cases 필통들	☐ rulers 자들	

	원래 형태	변형	
평서문	These are		
	Those are		
부정문	These are not	These aren't	**+ 형용사** **(happy, bad, sad, color 등) /** **복수 명사** **(2명 또는 2개 이상의 이름)**
	Those are not	Those aren't	
의문문	These are	Are these ~ ?	
	Those are	Are those ~ ?	

unit 19 따라쓰기

1 These are **bags.**
이것들은   이다.   가방들

2 These are **books.**
이것들은   이다.   책들

3 These are **crayons.**
이것들은   이다.   크레파스들

4 These are **desks.**
이것들은   이다.   책상들

5 These are **erasers.**
이것들은   이다.   지우개들

6 These are **notebooks.**
이것들은   이다.   공책들

7 These are **pens.**
이것들은   이다.   펜들

8 These are **pencils.**
이것들은   이다.   연필들

9 These are **pencil cases.**
이것들은   이다.   필통들

10 These are **rulers.**
이것들은   이다.   자들

1 These _____ bags.
이것들은   이다.   가방들

2 These _____ books.
이것들은   이다.   책들

3 These _____ crayons.
이것들은   이다.   크레파스들

4 These _____ desks.
이것들은   이다.   책상들

5 These _____ erasers.
이것들은   이다.   지우개들

6 These _____ notebooks.
이것들은   이다.   공책들

7 These _____ pens.
이것들은   이다.   펜들

8 These _____ pencils.
이것들은   이다.   연필들

unit
19

9 These _____ pencil cases.
이것들은   이다.   필통들

10 These _____ rulers.
이것들은   이다.   자들

빈칸 채우기 ②

1 _____ _____ bags.
이것들은 이다. 가방들

2 _____ _____ books.
이것들은 이다. 책들

3 _____ _____ crayons.
이것들은 이다. 크레파스들

4 _____ _____ desks.
이것들은 이다. 책상들

5 _____ _____ erasers.
이것들은 이다. 지우개들

6 _____ _____ notebooks.
이것들은 이다. 공책들

7 _____ _____ pens.
이것들은 이다. 펜들

8 _____ _____ pencils.
이것들은 이다. 연필들

9 _____ _____ pencil cases.
이것들은 이다. 필통들

10 _____ _____ rulers.
이것들은 이다. 자들

빈칸 채우기 ③

1

이것들은 가방들이다.

2

이것들은 책들이다.

3

이것들은 크레파스들이다.

4

이것들은 책상들이다.

5

이것들은 지우개들이다.

6

이것들은 공책들이다.

7

이것들은 펜들이다.

8

이것들은 연필들이다.

9

이것들은 필통들이다.

10

이것들은 자들이다.

따라쓰기

1 Those are bags.
저것들은 이다. 가방들

2 Those are books.
저것들은 이다. 책들

3 Those are crayons.
저것들은 이다. 크레파스들

4 Those are desks.
저것들은 이다. 책상들

5 Those are erasers.
저것들은 이다. 지우개들

6 Those are notebooks.
저것들은 이다. 공책들

7 Those are pens.
저것들은 이다. 펜들

8 Those are pencils.
저것들은 이다. 연필들

9 Those are pencil cases.
저것들은 이다. 필통들

10 Those are rulers.
저것들은 이다. 자들

1 Those _____ bags.
저것들은   이다.   가방들

2 Those _____ books.
저것들은   이다.   책들

3 Those _____ crayons.
저것들은   이다.   크레파스들

4 Those _____ desks.
저것들은   이다.   책상들

5 Those _____ erasers.
저것들은   이다.   지우개들

6 Those _____ notebooks.
저것들은   이다.   공책들

7 Those _____ pens.
저것들은   이다.   펜들

8 Those _____ pencils.
저것들은   이다.   연필들

9 Those _____ pencil cases.
저것들은   이다.   필통들

10 Those _____ rulers.
저것들은   이다.   자들

unit
20

1

_____   _____ bags.

저것들은   이다.   가방들

2

_____   _____ books.

저것들은   이다.   책들

3

_____   _____ crayons.

저것들은   이다.   크레파스들

4

_____   _____ desks.

저것들은   이다.   책상들

5

_____   _____ erasers.

저것들은   이다.   지우개들

6

_____   _____ notebooks.

저것들은   이다.   공책들

7

_____   _____ pens.

저것들은   이다.   펜들

8

_____   _____ pencils.

저것들은   이다.   연필들

9

_____   _____ pencil cases.

저것들은   이다.   필통들

10

_____   _____ rulers.

저것들은   이다.   자들

1

저것들은 가방들이다.

2

저것들은 책들이다.

3

저것들은 크레파스들이다.

4

저것들은 책상들이다.

5

저것들은 지우개들이다.

6

저것들은 공책들이다.

7

저것들은 펜들이다.

8

저것들은 연필들이다.

9

저것들은 필통들이다.

unit
20

10

저것들은 자들이다.

103

따라쓰기

1 These aren't bags.
이것들은 아니다. 가방들

2 These aren't books.
이것들은 아니다. 책들

3 These aren't crayons.
이것들은 아니다. 크레파스들

4 These aren't desks.
이것들은 아니다. 책상들

5 These aren't erasers.
이것들은 아니다. 지우개들

6 These aren't notebooks.
이것들은 아니다. 공책들

7 These aren't pens.
이것들은 아니다. 펜들

8 These aren't pencils.
이것들은 아니다. 연필들

9 These aren't pencil cases.
이것들은 아니다. 필통들

10 These aren't rulers.
이것들은 아니다. 자들

빈칸 채우기 ①

1 These _____ bags.
이것들은   아니다.   가방들

2 These _____ books.
이것들은   아니다.   책들

3 These _____ crayons.
이것들은   아니다.   크레파스들

4 These _____ desks.
이것들은   아니다.   책상들

5 These _____ erasers.
이것들은   아니다.   지우개들

6 These _____ notebooks.
이것들은   아니다.   공책들

7 These _____ pens.
이것들은   아니다.   펜들

8 These _____ pencils.
이것들은   아니다.   연필들

9 These _____ pencil cases.
이것들은   아니다.   필통들

10 These _____ rulers.
이것들은   아니다.   자들

unit 21   빈칸 채우기 ②

1
_____ _____ bags.
이것들은   아니다.   가방들

2
_____ _____ books.
이것들은   아니다.   책들

3
_____ _____ crayons.
이것들은   아니다.   크레파스들

4
_____ _____ desks.
이것들은   아니다.   책상들

5
_____ _____ erasers.
이것들은   아니다.   지우개들

6
_____ _____ notebooks.
이것들은   아니다.   공책들

7
_____ _____ pens.
이것들은   아니다.   펜들

8
_____ _____ pencils.
이것들은   아니다.   연필들

9
_____ _____ pencil cases.
이것들은   아니다.   필통들

10
_____ _____ rulers.
이것들은   아니다.   자들

1

이것들은 가방들이 아니다.

2

이것들은 책들이 아니다.

3

이것들은 크레파스들이 아니다.

4

이것들은 책상들이 아니다.

5

이것들은 지우개들이 아니다.

6

이것들은 공책들이 아니다.

7

이것들은 펜들이 아니다.

8

이것들은 연필들이 아니다.

9

이것들은 필통들이 아니다.

10

이것들은 자들이 아니다.

1 Those   aren't   bags.
저것들은   아니다.   가방들

2 Those   aren't   books.
저것들은   아니다.   책들

3 Those   aren't   crayons.
저것들은   아니다.   크레파스들

4 Those   aren't   desks.
저것들은   아니다.   책상들

5 Those   aren't   erasers.
저것들은   아니다.   지우개들

6 Those   aren't   notebooks.
저것들은   아니다.   공책들

7 Those   aren't   pens.
저것들은   아니다.   펜들

8 Those   aren't   pencils.
저것들은   아니다.   연필들

9 Those   aren't   pencil cases.
저것들은   아니다.   필통들

10 Those   aren't   rulers.
저것들은   아니다.   자들

빈칸 채우기 ①

1 Those _____ bags.
저것들은 　　　아니다. 　　가방들

2 Those _____ books.
저것들은 　　　아니다. 　　책들

3 Those _____ crayons.
저것들은 　　　아니다. 　　크레파스들

4 Those _____ desks.
저것들은 　　　아니다. 　　책상들

5 Those _____ erasers.
저것들은 　　　아니다. 　　지우개들

6 Those _____ notebooks.
저것들은 　　　아니다. 　　공책들

7 Those _____ pens.
저것들은 　　　아니다. 　　펜들

8 Those _____ pencils.
저것들은 　　　아니다. 　　연필들

9 Those _____ pencil cases.
저것들은 　　　아니다. 　　필통들

10 Those _____ rulers.
저것들은 　　　아니다. 　　자들

빈칸 채우기 ②

1
| | | bags. |
| 저것들은 | 아니다. | 가방들 |

2
| | | books. |
| 저것들은 | 아니다. | 책들 |

3
| | | crayons. |
| 저것들은 | 아니다. | 크레파스들 |

4
| | | desks. |
| 저것들은 | 아니다. | 책상들 |

5
| | | erasers. |
| 저것들은 | 아니다. | 지우개들 |

6
| | | notebooks. |
| 저것들은 | 아니다. | 공책들 |

7
| | | pens. |
| 저것들은 | 아니다. | 펜들 |

8
| | | pencils. |
| 저것들은 | 아니다. | 연필들 |

9
| | | pencil cases. |
| 저것들은 | 아니다. | 필통들 |

10
| | | rulers. |
| 저것들은 | 아니다. | 자들 |

1

저것들은 가방들이 아니다.

2

저것들은 책들이 아니다.

3

저것들은 크레파스들이 아니다.

4

저것들은 책상들이 아니다.

5

저것들은 지우개들이 아니다.

6

저것들은 공책들이 아니다.

7

저것들은 펜들이 아니다.

8

저것들은 연필들이 아니다.

9

저것들은 필통들이 아니다.

10

저것들은 자들이 아니다.

따라쓰기

1 Are these bags?
이니? 이것들은 가방들

2 Are these books?
이니? 이것들은 책들

3 Are these crayons?
이니? 이것들은 크레파스들

4 Are these desks?
이니? 이것들은 책상들

5 Are these erasers?
이니? 이것들은 지우개들

6 Are these notebooks?
이니? 이것들은 공책들

7 Are these pens?
이니? 이것들은 펜들

8 Are these pencils?
이니? 이것들은 연필들

9 Are these pencil cases?
이니? 이것들은 필통들

10 Are these rulers?
이니? 이것들은 자들

빈칸 채우기 ①

1 _____ these bags?

이니?　　　　　　이것들은　가방들

2 _____ these books?

이니?　　　　　　이것들은　책들

3 _____ these crayons?

이니?　　　　　　이것들은　크레파스들

4 _____ these desks?

이니?　　　　　　이것들은　책상들

5 _____ these erasers?

이니?　　　　　　이것들은　지우개들

6 _____ these notebooks?

이니?　　　　　　이것들은　공책들

7 _____ these pens?

이니?　　　　　　이것들은　펜들

8 _____ these pencils?

이니?　　　　　　이것들은　연필들

9 _____ these pencil cases?

이니?　　　　　　이것들은　필통들

10 _____ these rulers?

이니?　　　　　　이것들은　자들

빈칸 채우기 ②

1 _____ | _____ | bags?
이니? | 이것들은 | 가방들

2 _____ | _____ | books?
이니? | 이것들은 | 책들

3 _____ | _____ | crayons?
이니? | 이것들은 | 크레파스들

4 _____ | _____ | desks?
이니? | 이것들은 | 책상들

5 _____ | _____ | erasers?
이니? | 이것들은 | 지우개들

6 _____ | _____ | notebooks?
이니? | 이것들은 | 공책들

7 _____ | _____ | pens?
이니? | 이것들은 | 펜들

8 _____ | _____ | pencils?
이니? | 이것들은 | 연필들

9 _____ | _____ | pencil cases?
이니? | 이것들은 | 필통들

10 _____ | _____ | rulers?
이니? | 이것들은 | 자들

빈칸 채우기 ③

1

이것들은 가방들이니?

2

이것들은 책들이니?

3

이것들은 크레파스들이니?

4

이것들은 책상들이니?

5

이것들은 지우개들이니?

6

이것들은 공책들이니?

7

이것들은 펜들이니?

8

이것들은 연필들이니?

9

이것들은 필통들이니?

10

이것들은 자들이니?

1 Are those bags?
이니? 저것들은 가방들

2 Are those books?
이니? 저것들은 책들

3 Are those crayons?
이니? 저것들은 크레파스들

4 Are those desks?
이니? 저것들은 책상들

5 Are those erasers?
이니? 저것들은 지우개들

6 Are those notebooks?
이니? 저것들은 공책들

7 Are those pens?
이니? 저것들은 펜들

8 Are those pencils?
이니? 저것들은 연필들

9 Are those pencil cases?
이니? 저것들은 필통들

10 Are those rulers?
이니? 저것들은 자들

빈칸 채우기 ①

1 _____ those bags?

이니?　　　　　　저것들은 가방들

2 _____ those books?

이니?　　　　　　저것들은 책들

3 _____ those crayons?

이니?　　　　　　저것들은 크레파스들

4 _____ those desks?

이니?　　　　　　저것들은 책상들

5 _____ those erasers?

이니?　　　　　　저것들은 지우개들

6 _____ those notebooks?

이니?　　　　　　저것들은 공책들

7 _____ those pens?

이니?　　　　　　저것들은 펜들

8 _____ those pencils?

이니?　　　　　　저것들은 연필들

9 _____ those pencil cases?

이니?　　　　　　저것들은 필통들

10 _____ those rulers?

이니?　　　　　　저것들은 자들

unit 24 빈칸 채우기 ②

1
_____ _____ bags?
　　이니?　　　　　　저것들은　　　　　가방들

2
_____ _____ books?
　　이니?　　　　　　저것들은　　　　　책들

3
_____ _____ crayons?
　　이니?　　　　　　저것들은　　　　　크레파스들

4
_____ _____ desks?
　　이니?　　　　　　저것들은　　　　　책상들

5
_____ _____ erasers?
　　이니?　　　　　　저것들은　　　　　지우개들

6
_____ _____ notebooks?
　　이니?　　　　　　저것들은　　　　　공책들

7
_____ _____ pens?
　　이니?　　　　　　저것들은　　　　　펜들

8
_____ _____ pencils?
　　이니?　　　　　　저것들은　　　　　연필들

9
_____ _____ pencil cases?
　　이니?　　　　　　저것들은　　　　　필통들

10
_____ _____ rulers?
　　이니?　　　　　　저것들은　　　　　자들

빈칸 채우기 ③

1

저것들은 가방들이니?

2

저것들은 책들이니?

3

저것들은 크레파스들이니?

4

저것들은 책상들이니?

5

저것들은 지우개들이니?

6

저것들은 공책들이니?

7

저것들은 펜들이니?

8

저것들은 연필들이니?

9

저것들은 필통들이니?

10

저것들은 자들이니?

다음 한글에 맞는 영어문장을 적으시오

1 이것들은 자들이다.

2 저것들은 가방들이다.

3 이것들은 필통들이다.

4 저것들은 책들이다.

5 이것들은 공책들이다.

6 저것들은 지우개들이다.

7 이것들은 펜들이 아니다.

8 저것들은 책상들이 아니다.

9 이것들은 크레파스들이 아니다.

10 저것들은 연필들이 아니다.

11 이것들은 자들이 아니다.

12 저것들은 책들이 아니다.

13 이것들은 공책들이 아니다.

14 저것들은 지우개들이니?

15 이것들은 연필들이니?

16 저것들은 자들이니?

17 이것들은 가방들이니?

18 저것들은 펜들이니?

19 이것들은 크레파스들이니?

20 저것들은 책들이니?

다음 영어에 맞는 한글문장을 적으시오.

1   These are rulers.

2   Those are bags.

3   These are pencil cases.

4   Those are books.

5   These are notebooks.

6   Those are erasers.

7   These aren't pens.

8   Those aren't desks.

9   These aren't crayons.

10 Those aren't pencils.

11 These aren't rulers.

12 Those aren't books.

13 These aren't notebooks.

14 Are those erasers?

15 Are these pencils?

16 Are those rulers?

17 Are these bags?

18 Are those pens?

19 Are these crayons?

20 Are those books?

Chapter 4~5 공통단어

these 이것들	those 저것들	bag 가방
book 책	crayon 크레파스	desk 책상
eraser 지우개	notebook 공책	pen 펜
pencil 연필	pencil case 필통	ruler 자

Chapter 5 단어 체크

☑ there is ~있다   ☐ there are ~있다

	원래 형태	변형	
평서문	There is	There's	+ 단수 명사 (1명 또는 1개의 이름)
부정문	There is not	There isn't	
의문문	There is	Is there ~ ?	

	원래 형태	변형	
평서문	There are		+ 복수 명사 (2명 또는 2개 이상의 이름)
부정문	There are not	There aren't	
의문문	There are	Are there ~ ?	

1 There is a bag.
있다. 한 가방이

2 There is a book.
있다. 한 책이

3 There is a crayon.
있다. 한 크레파스가

4 There is a desk.
있다. 한 책상이

5 There is an eraser.
있다. 한 지우개가

6 There is a notebook.
있다. 한 공책이

7 There is a pen.
있다. 한 펜이

8 There is a pencil.
있다. 한 연필이

9 There is a pencil case.
있다. 한 필통이

10 There is a ruler.
있다. 한 자가

빈칸 채우기 ①

1 There _____ a bag.
있다.   한 가방이

2 There _____ a book.
있다.   한 책이

3 There _____ a crayon.
있다.   한 크레파스가

4 There _____ a desk.
있다.   한 책상이

5 There _____ an eraser.
있다.   한 지우개가

6 There _____ a notebook.
있다.   한 공책이

7 There _____ a pen.
있다.   한 펜이

8 There _____ a pencil.
있다.   한 연필이

9 There _____ a pencil case.
있다.   한 필통이

10 There _____ a ruler.
있다.   한 자가

1

_____ _____ a bag.

있다.   한 가방이

2

_____ _____ a book.

있다.   한 책이

3

_____ _____ a crayon.

있다.   한 크레파스가

4

_____ _____ a desk.

있다.   한 책상이

5

_____ _____ an eraser.

있다.   한 지우개가

6

_____ _____ a notebook.

있다.   한 공책이

7

_____ _____ a pen.

있다.   한 펜이

8

_____ _____ a pencil.

있다.   한 연필이

9

_____ _____ a pencil case.

있다.   한 필통이

10

_____ _____ a ruler.

있다.   한 자가

빈칸 채우기 ③

1

한 가방이 있다.

2

한 책이 있다.

3

한 크레파스가 있다.

4

한 책상이 있다.

5

한 지우개가 있다.

6

한 공책이 있다.

7

한 펜이 있다.

8

한 연필이 있다.

9

한 필통이 있다.

10

한 자가 있다.

따라쓰기

1 There are bags.
있다. 가방들이

2 There are books.
있다. 책들이

3 There are crayons.
있다. 크레파스들이

4 There are desks.
있다. 책상들이

5 There are erasers.
있다. 지우개들이

6 There are notebooks.
있다. 공책들이

7 There are pens.
있다. 펜들이

8 There are pencils.
있다. 연필들이

9 There are pencil cases.
있다. 필통들이

10 There are rulers.
있다. 자들이

빈칸 채우기 ①

1 There _____ bags.
있다. 가방들이

2 There _____ books.
있다. 책들이

3 There _____ crayons.
있다. 크레파스들이

4 There _____ desks.
있다. 책상들이

5 There _____ erasers.
있다. 지우개들이

6 There _____ notebooks.
있다. 공책들이

7 There _____ pens.
있다. 펜들이

8 There _____ pencils.
있다. 연필들이

9 There _____ pencil cases.
있다. 필통들이

10 There _____ rulers.
있다. 자들이

1 _____ _____ bags.
있다.   가방들이

2 _____ _____ books.
있다.   책들이

3 _____ _____ crayons.
있다.   크레파스들이

4 _____ _____ desks.
있다.   책상들이

5 _____ _____ erasers.
있다.   지우개들이

6 _____ _____ notebooks.
있다.   공책들이

7 _____ _____ pens.
있다.   펜들이

8 _____ _____ pencils.
있다.   연필들이

9 _____ _____ pencil cases.
있다.   필통들이

10 _____ _____ rulers.
있다.   자들이

빈칸 채우기 ③

1

가방들이 있다.

2

책들이 있다.

3

크레파스들이 있다.

4

책상들이 있다.

5

지우개들이 있다.

6

공책들이 있다.

7

펜들이 있다.

8

연필들이 있다.

9

필통들이 있다.

10

자들이 있다.

따라쓰기

1 There isn't a bag.
없다. 한 가방이

2 There isn't a book.
없다. 한 책이

3 There isn't a crayon.
없다. 한 크레파스가

4 There isn't a desk.
없다. 한 책상이

5 There isn't an eraser.
없다. 한 지우개가

6 There isn't a notebook.
없다. 한 공책이

7 There isn't a pen.
없다. 한 펜이

8 There isn't a pencil.
없다. 한 연필이

9 There isn't a pencil case.
없다. 한 필통이

10 There isn't a ruler.
없다. 한 자가

빈칸 채우기 ①

1 There _____ a bag.
없다.   한 가방이

2 There _____ a book.
없다.   한 책이

3 There _____ a crayon.
없다.   한 크레파스가

4 There _____ a desk.
없다.   한 책상이

5 There _____ an eraser.
없다.   한 지우개가

6 There _____ a notebook.
없다.   한 공책이

7 There _____ a pen.
없다.   한 펜이

8 There _____ a pencil.
없다.   한 연필이

9 There _____ a pencil case.
없다.   한 필통이

10 There _____ a ruler.
없다.   한 자가

unit
27

133

1 _____ _____ a bag.
없다. 한 가방이

2 _____ _____ a book.
없다. 한 책이

3 _____ _____ a crayon.
없다. 한 크레파스가

4 _____ _____ a desk.
없다. 한 책상이

5 _____ _____ an eraser.
없다. 한 지우개가

6 _____ _____ a notebook.
없다. 한 공책이

7 _____ _____ a pen.
없다. 한 펜이

8 _____ _____ a pencil.
없다. 한 연필이

9 _____ _____ a pencil case.
없다. 한 필통이

10 _____ _____ a ruler.
없다. 한 자가

1

한 가방이 없다.

2

한 책이 없다.

3

한 크레파스가 없다.

4

한 책상이 없다.

5

한 지우개가 없다.

6

한 공책이 없다.

unit
27

7

한 펜이 없다.

8

한 연필이 없다.

9

한 필통이 없다.

10

한 자가 없다.

1 There   aren't   bags.
없다.   가방들이

2 There   aren't   books.
없다.   책들이

3 There   aren't   crayons.
없다.   크레파스들이

4 There   aren't   desks.
없다.   책상들이

5 There   aren't   erasers.
없다.   지우개들이

6 There   aren't   notebooks.
없다.   공책들이

7 There   aren't   pens.
없다.   펜들이

8 There   aren't   pencils.
없다.   연필들이

9 There   aren't   pencil cases.
없다.   필통들이

10 There   aren't   rulers.
없다.   자들이

unit 28   빈칸 채우기 ①

1 There _____ bags.
없다.   가방들이

2 There _____ books.
없다.   책들이

3 There _____ crayons.
없다.   크레파스들이

4 There _____ desks.
없다.   책상들이

5 There _____ erasers.
없다.   지우개들이

6 There _____ notebooks.
없다.   공책들이

7 There _____ pens.
없다.   펜들이

8 There _____ pencils.
없다.   연필들이

9 There _____ pencil cases.
없다.   필통들이

10 There _____ rulers.
없다.   자들이

unit
28

unit 28 빈칸 채우기 ②

1
                        bags.
없다.   가방들이

2
                        books.
없다.   책들이

3
                        crayons.
없다.   크레파스들이

4
                        desks.
없다.   책상들이

5
                        erasers.
없다.   지우개들이

6
                        notebooks.
없다.   공책들이

7
                        pens.
없다.   펜들이

8
                        pencils.
없다.   연필들이

9
                        pencil cases.
없다.   필통들이

10
                        rulers.
없다.   자들이

1

가방들이 없다.

2

책들이 없다.

3

크레파스들이 없다.

4

책상들이 없다.

5

지우개들이 없다.

6

공책들이 없다.

7

펜들이 없다.

8

연필들이 없다.

9

필통들이 없다.

10

자들이 없다.

unit
28

unit 29 따라쓰기

1 Is   there   a bag?
있니?   한 가방이

2 Is   there   a book?
있니?   한 책이

3 Is   there   a crayon?
있니?   한 크레파스가

4 Is   there   a desk?
있니?   한 책상이

5 Is   there   an eraser?
있니?   한 지우개가

6 Is   there   a notebook?
있니?   한 공책이

7 Is   there   a pen?
있니?   한 펜이

8 Is   there   a pencil?
있니?   한 연필이

9 Is   there   a pencil case?
있니?   한 필통이

10 Is   there   a ruler?
있니?   한 자가

1 there a bag?

있니?　　　　한 가방이

2 there a book?

있니?　　　　한 책이

3 there a crayon?

있니?　　　　한 크레파스가

4 there a desk?

있니?　　　　한 책상이

5 there an eraser?

있니?　　　　한 지우개가

6 there a notebook?

있니?　　　　한 공책이

7 there a pen?

있니?　　　　한 펜이

8 there a pencil?

있니?　　　　한 연필이

9 there a pencil case?

있니?　　　　한 필통이

10 there a ruler?

있니?　　　　한 자가

unit 29

1 _____ _____ a bag?

있니? 한 가방이

2 _____ _____ a book?

있니? 한 책이

3 _____ _____ a crayon?

있니? 한 크레파스가

4 _____ _____ a desk?

있니? 한 책상이

5 _____ _____ an eraser?

있니? 한 지우개가

6 _____ _____ a notebook?

있니? 한 공책이

7 _____ _____ a pen?

있니? 한 펜이

8 _____ _____ a pencil?

있니? 한 연필이

9 _____ _____ a pencil case?

있니? 한 필통이

10 _____ _____ a ruler?

있니? 한 자가

빈칸 채우기 ③

1

한 가방이 있니?

2

한 책이 있니?

3

한 크레파스가 있니?

4

한 책상이 있니?

5

한 지우개가 있니?

6

한 공책이 있니?

7

한 펜이 있니?

8

한 연필이 있니?

9

한 필통이 있니?

10

한 자가 있니?

1 Are　　there　**bags?**
있니?　　　　　가방들이

2 Are　　there　**books?**
있니?　　　　　책들이

3 Are　　there　**crayons?**
있니?　　　　　크레파스들이

4 Are　　there　**desks?**
있니?　　　　　책상들이

5 Are　　there　**erasers?**
있니?　　　　　지우개들이

6 Are　　there　**notebooks?**
있니?　　　　　공책들이

7 Are　　there　**pens?**
있니?　　　　　펜들이

8 Are　　there　**pencils?**
있니?　　　　　연필들이

9 Are　　there　**pencil cases?**
있니?　　　　　필통들이

10 Are　　there　**rulers?**
있니?　　　　　자들이

1 _____ there bags?

있니?   가방들이

2 _____ there books?

있니?   책들이

3 _____ there crayons?

있니?   크레파스들이

4 _____ there desks?

있니?   책상들이

5 _____ there erasers?

있니?   지우개들이

6 _____ there notebooks?

있니?   공책들이

7 _____ there pens?

있니?   펜들이

8 _____ there pencils?

있니?   연필들이

9 _____ there pencil cases?

있니?   필통들이

10 _____ there rulers?

있니?   자들이

unit
30

1　＿＿＿＿＿＿＿＿　＿＿＿＿＿＿＿＿ bags?
　　있니?　　　　　　　　　　　가방들이

2　＿＿＿＿＿＿＿＿　＿＿＿＿＿＿＿＿ books?
　　있니?　　　　　　　　　　　책들이

3　＿＿＿＿＿＿＿＿　＿＿＿＿＿＿＿＿ crayons?
　　있니?　　　　　　　　　　　크레파스들이

4　＿＿＿＿＿＿＿＿　＿＿＿＿＿＿＿＿ desks?
　　있니?　　　　　　　　　　　책상들이

5　＿＿＿＿＿＿＿＿　＿＿＿＿＿＿＿＿ erasers?
　　있니?　　　　　　　　　　　지우개들이

6　＿＿＿＿＿＿＿＿　＿＿＿＿＿＿＿＿ notebooks?
　　있니?　　　　　　　　　　　공책들이

7　＿＿＿＿＿＿＿＿　＿＿＿＿＿＿＿＿ pens?
　　있니?　　　　　　　　　　　펜들이

8　＿＿＿＿＿＿＿＿　＿＿＿＿＿＿＿＿ pencils?
　　있니?　　　　　　　　　　　연필들이

9　＿＿＿＿＿＿＿＿　＿＿＿＿＿＿＿＿ pencil cases?
　　있니?　　　　　　　　　　　필통들이

10　＿＿＿＿＿＿＿＿　＿＿＿＿＿＿＿＿ rulers?
　　있니?　　　　　　　　　　　자들이

1

가방들이 있니?

2

책들이 있니?

3

크레파스들이 있니?

4

책상들이 있니?

5

지우개들이 있니?

6

공책들이 있니?

7

펜들이 있니?

8

연필들이 있니?

9

필통들이 있니?

unit
30

10

자들이 있니?

다음 한글에 맞는 영어문장을 적으시오

1   한 가방이 있다.

2   한 공책이 있다.

3   한 연필이 있다.

4   펜들이 있다.

5   책상들이 있다.

6   자들이 있다.

7   한 지우개가 없다.

8   한 필통이 없다.

9   한 자가 없다.

10   책들이 없다.

11   연필들이 없다.

12   가방들이 없다.

13   책들이 없다.

14   한 가방이 있니?

15   한 책이 있니?

16   한 공책이 있니?

17   크레파스들이 있니?

18   지우개들이 있니?

19   필통들이 있니?

20   책들이 있니?

다음 영어에 맞는 한글문장을 적으시오.

1 There is a bag. ....

2 There is a book. ....

3 There is a pencil. ....

4 There are pens. ....

5 There are desks. ....

6 There are rulers. ....

7 There isn't an eraser. ....

8 There isn't a pencil case. ....

9 There isn't a ruler. ....

10 There aren't books. ....

11 There aren't pencils. ....

12 There aren't bags. ....

13 There aren't books. ....

14 Is there a bag? ....

15 Is there a book? ....

16 Is there a notebook? ....

17 Are there crayons? ....

18 Are there erasers? ....

19 Are there pencil cases? ....

20 Are there books? ....

review 1-6

1	나는 행복하다.	I am happy.
2	너는 졸리다.	You are sleepy.
3	그녀는 나쁘다.	She is bad.
4	고양이는 화가 났다.	A cat is angry.
5	그들은 배가 고프다.	They are hungry.
6	두부와 너는 부끄럽다.	Dooboo and you are shy.
7	나는 행복하지 않다.	I am not happy.
8	너는 졸리지 않다.	You are not sleepy.
9	한 고양이와 한 강아지는 배고프지 않다.	A cat and a dog are not hungry.
10	너와 나는 아프지 않다.	You and I are not sick.
11	한 소녀는 나쁘지 않다.	A girl is not bad.
12	그들은 배고프지 않다.	They are not hungry.
13	나는 행복하니?	Am I happy?
14	너는 졸리니?	Are you sleepy?
15	그는 슬프니?	Is he sad?
16	그들은 배고프니?	Are they hungry?
17	고양이는 화가 났니?	Is a cat angry?
18	한 고양이와 한 강아지는 아프니?	Are a cat and a dog sick?
19	우리는 피곤하니?	Are we tired?
20	두부와 나는 피곤하지 않다.	Dooboo and I are not tired.

1	나는 엄마다.	I am a mom.
2	너는 아빠다.	You are a dad.
3	그는 남자형제다.	He is a brother.
4	그것은 아기다.	It is a baby.
5	우리는 할아버지들이다.	We are grandfathers.
6	그들은 고모(이모)들이다.	They are aunts.
7	한 고양이와 한 강아지는 고모(이모)들이다.	A cat and a dog are aunts.
8	나는 엄마가 아니다.	I'm not a mom.
9	너는 아빠가 아니다.	You're not a dad.
10	그녀는 언니(여동생)이 아니다.	She isn't a sister.
11	우리는 할머니들이 아니다.	We aren't grandmothers.
12	그와 그녀는 사촌들이 아니다.	He and she aren't cousins.
13	고양이는 아기가 아니다.	A cat isn't a baby.
14	내가 엄마니?	Am I a mom?
15	네가 아빠니?	Are you a dad?
16	그녀는 여동생(언니)이니?	Is she a sister?
17	그는 남동생(형)이니?	Is he a brother?
18	그들은 고모(이모)들이니?	Are they aunts?
19	우리는 할아버지들이니?	Are we grandfathers?
20	그와 그녀는 사촌이니?	Are he and she cousins?

1	이것은 노란색이다.	This is yellow.

2	저것은 검은색이다.	That is black.
3	이것은 흰색이다.	This is white.
4	저것은 갈색이다.	That is brown.
5	이것은 주황색이다.	This is orange.
6	저것은 핑크색이다.	That is pink.
7	이것은 녹색이 아니다.	This isn't green.
8	저것은 보라색이 아니다.	That isn't purple.
9	이것은 빨간색이 아니다.	This isn't red.
10	저것은 파란색이 아니다.	That isn't blue.
11	이것은 노란색이 아니다.	This isn't yellow.
12	저것은 갈색이 아니다.	That isn't brown.
13	이것은 검은색이 아니다.	This isn't black.
14	저것은 핑크색이 아니다.	That isn't pink.
15	이것은 검은색이니?	Is this black?
16	저것은 빨간색이니?	Is that red?
17	이것은 흰색이니?	Is this white?
18	저것은 보라색이니?	Is that purple?
19	이것은 녹색이니?	Is this green?
20	저것은 갈색이니?	Is that brown?

review 19-24

1	이것들은 자들이다.	These are rulers.
2	저것들은 가방들이다.	Those are bags.
3	이것들은 필통들이다.	These are pencil cases.

4	저것들은 책들이다.	Those are books.
5	이것들은 공책들이다.	These are notebooks.
6	저것들은 지우개들이다.	Those are erasers.
7	이것들은 펜들이 아니다.	These aren't pens.
8	저것들은 책상들이 아니다.	Those aren't desks.
9	이것들은 크레파스들이 아니다.	These aren't crayons.
10	저것들은 연필들이 아니다.	Those aren't pencils.
11	이것들은 자들이 아니다.	These aren't rulers.
12	저것들은 책들이 아니다.	Those aren't books.
13	이것들은 공책들이 아니다.	These aren't notebooks.
14	저것들은 지우개들인가요?	Are those erasers?
15	이것들은 연필들인가요?	Are these pencils?
16	저것들은 자들인가요?	Are those rulers?
17	이것들은 가방들인가요?	Are these bags?
18	저것들은 펜들인가요?	Are those pens?
19	이것들은 크레파스들인가요?	Are these crayons?
20	저것들은 책들인가요?	Are those books?

review 25-30

1	한 가방이 있다.	There is a bag.
2	한 공책이 있다.	There is a book.
3	한 연필이 있다.	There is a pencil.
4	펜들이 있다.	There are pens.
5	책상들이 있다.	There are desks.

6	자들이 있다.	There are rulers.
7	한 지우개가 없다.	There isn't an eraser.
8	한 필통이 없다.	There isn't a pencil case.
9	한 자가 없다.	There isn't a ruler.
10	책들이 없다.	There aren't books.
11	연필들이 없다.	There aren't pencils.
12	가방들이 없다.	There aren't bags.
13	책들이 없다.	There aren't books.
14	한 가방이 있니?	Is there a bag?
15	한 책이 있니?	Is there a book?
16	한 공책이 있니?	Is there a notebook?
17	크레파스들이 있니?	Are there crayons?
18	지우개들이 있니?	Are there erasers?
19	필통들이 있니?	Are there pencil cases?
20	책들이 있니?	Are there books?

단어 정리

A	
angry	화난
am	~이다
are	~이다
aunt	고모,이모

B	
baby	아기
bad	나쁜
bag	가방
black	검은색

blue	파란색
book	책
boy	소년
brother	오빠(남자형제)
brown	갈색

C	
cat	고양이
cousin	사촌
crayon	크레파스

D	
dad	아빠
desk	책상
dog	강아지
Dooboo	두부(이름)

E	
eraser	지우개

G	
girl	소녀
grandfather	할아버지
grandmother	할머니
green	녹색

H	
happy	행복한
he	그
hungry	배고픈

I	
I	나
is	~이다
it	그것

M	
mom	엄마

N	
notebook	공책

O	
orange	주황색

P	
pen	펜
pencil	연필
pencil case	필통
pink	핑크색
purple	보라색

R	
red	빨간색
ruler	자

S	
sad	슬픈
she	그녀
shy	부끄러운
sick	아픈
sister	언니(여자형제)
sleepy	졸린
surprised	놀란

T	
that	저것
there are	~있다
there is	~있다
these	이것들
they	그들
this	이것
those	저것들
tired	피곤한

U	
uncle	삼촌

W	
we	우리
white	흰색

Y	
yellow	노란색
you	너
you	당신들

MEMO